高等职业技术院校汽车类专业

汽车保险与理赔（第二版）习题册

吴勤燕　主编

中国劳动社会保障出版社

简介

本习题册是高等职业技术院校汽车类专业教材《汽车保险与理赔（第二版）》的配套用书。习题册内容紧扣教材的教学要求，注重基础知识的巩固和基本能力的培养，知识点分布均衡，题型丰富，难易适当，有助于学生复习巩固所学知识。

本习题册由吴勤燕主编。

图书在版编目（CIP）数据

汽车保险与理赔（第二版）习题册 / 吴勤燕主编. -- 北京：中国劳动社会保障出版社，2021

高等职业技术院校汽车类专业

ISBN 978-7-5167-4954-8

Ⅰ.①汽… Ⅱ.①吴… Ⅲ.①汽车保险-理赔-中国-高等职业教育-习题集 Ⅳ.① F842.634-44

中国版本图书馆 CIP 数据核字（2021）第 147652 号

中国劳动社会保障出版社出版发行

（北京市惠新东街 1 号　邮政编码：100029）

*

三河市潮河印业有限公司印刷装订　　新华书店经销

787 毫米 ×1092 毫米　16 开本　4.25 印张　99 千字

2021 年 8 月第 1 版　　2025 年 11 月第 7 次印刷

定价：10.00 元

营销中心电话：400-606-6496

出版社网址：http://www.class.com.cn

http://jg.class.com.cn

目　录

模块一　汽车保险的认知

一、填空题

1．风险是指在某一特定环境下，某一特定时间段内，某种损失发生的____________。

2．风险的特征主要有____________、____________、____________、____________、可变性和可测性。

3．机动车保险是指对机动车由于____________或____________所造成的人身伤亡或财产损失负赔偿责任的一种____________。

4．汽车保险的作用：________________________、________________________、________________________。

5．在机动车保险合同中，保险人是__________，又称第一者；被保险人或被保险机动车驾驶人是__________；因被保险机动车发生________________________（不包括被保险机动车本车车上人员、被保险人）是第三方，即第三者。

6．保险合同是指投保人和保险人约定________________的协议。在机动车保险中，保险合同不是__________，而是由__________、__________、________等共同构成。

7．投保单是指投保人申请投保的____________，投保单通常由__________提供，由__________填写并签字或盖章后生效，__________根据投保人填写的投保单内容出具保险单。

8．按保险实施形式的不同，保险可分为__________和__________。

9．保险的基本职能有两种，即__________和________________。

10．保险的派生职能是指保险随着社会经济的发展、经济制度的演进而逐渐具有的职能，主要有________________和____________。

二、单项选择题

1．机动车保险包括强制保险和自愿保险两种，其中交强险属于（　　）。

A．强制保险　　B．附加险

C．商业保险　　D．主险

2．张某向保险公司投保了机动车损失保险，但是平时疏于对车辆进行保养，由于车辆线路的老化导致停放在车库时引起自燃，不仅造成了车辆损失，还造成了停在车库的其他车辆损失，那么造成这一严重损失的原因是（　　）。

A．实质风险因素　　B．投机风险因素

C．心理风险因素　　D．道德风险因素

3．“天有不测风云，人有旦夕祸福”，这句谚语体现了风险的（　　）特征。

A．客观性　　B．偶然性
C．可测性　　D．可变性

4．保险的基本职能是（　　）。

A．分散风险　　B．积蓄基金
C．补偿损失　　D．管理风险

5．由于机动车数量的迅速增加，一些交通设施及管理水平跟不上车辆的发展速度，再加上驾驶人的疏忽、过失等人为原因，交通事故发生频繁。上述现象说明机动车保险具有（　　）特征。

A．保险标的出险率较高　　B．业务量大、投保率高
C．扩大保险利益　　D．被保险人自负责任与无赔款优待

6．下列风险中属于纯粹风险的是（　　）。

A．水灾　　B．金融投资
C．赌博　　D．购买体育彩票

7．风险因素通常可分为实质风险因素、心理风险因素和道德风险因素三种。驾驶员酒驾导致车祸属于（　　）。

A．实质风险因素　　B．心理风险因素
C．道德风险因素　　D．以上选项都正确

8．机动车保险的发源地是（　　）。

A．美国　　B．英国
C．日本　　D．德国

9．（　　）年，中国人民保险公司就开办了汽车保险业务。

A．1952　　B．1949
C．1980　　D．1950

三、多项选择题

1．车上人员是指发生意外事故的瞬间，在被保险机动车车体内或车体上的人员，包括（　　）。

A．正在上车的人员　　B．正在下车的人员
C．对方车内人员　　D．车下人员

2．机动车商业保险险种分为主险和附加险两部分，主险包括（　　）。

A．机动车第三者责任保险　　B．机动车损失保险
C．机动车车上人员责任保险　　D．全车盗抢险

3．下列选项中，属于可保风险应符合的条件的有（　　）。

A．风险必须是纯粹风险
B．风险必须使保险标的存在遭受损失的可能
C．风险不能使大多数保险标的同时遭受损失
D．风险必须具有现实的可测性

4．美国机动车保险销售的方式主要有（　　）。

A．B2C 方式　　B．电话预约投保

C．保险公司向客户直销　　　　　　　D．挨家挨户走访销售

5．下列选项中，叙述正确的是（　　）。

A．英国法律事故保险公司于 1896 年首先开办了机动车保险，成为机动车保险“第一人”

B．1906 年，英国成立了机动车保险有限公司

C．英国政府发起了机动车第三者责任强制保险的宣传，并在《1929 年公路交通法令》中纳入强制保险条款

D．1945 年，英国成立了机动车保险局

四、判断题

1．机动车商业保险的附加险是不能单独投保的，须随附在相应的主险上才能投保。（　　）

2．风险事故是指可能引起人身伤亡或财产损失的偶发事件。（　　）

3．可保风险是指保险人愿意并能够承保的风险，是符合保险人承保条件的特定风险。（　　）

4．风险独立于人们的意识之外客观存在，以人的意志为转移。（　　）

5．可保风险必须具有现实的可测性，这是保险公司能够经营风险、确定费率的基础。（　　）

6．保费是指投保人或被保险人根据保险合同的规定，为取得因约定事故发生所造成的经济损失补偿（或给付）权利，而缴纳给保险人的费用。（　　）

7．机动车保险的保险标的仅仅是机动车，主要包括汽车、电车、电瓶车、摩托车、拖拉机、各种专用机械车、特种车等。（　　）

8．按保险标的的不同，保险可分为财产保险、责任保险、信用保证保险和人身保险四类，机动车保险属于责任保险。（　　）

9．在一定的时间和空间内改变风险存在和发生的条件，可以防止风险的发生以及产生损失，从而最终控制风险的发生。（　　）

10．心理风险因素和道德风险因素都是无形风险因素，它们都与人的行为密不可分，因而统称为人为因素。（　　）

五、名词解释

1．风险事故

2．保险费率

3．第三者

4．批单

5．保险金额

6．新车购置价

六、简答题

1．风险有哪些特征？

2．构成风险的要素有哪些？

3．风险因素有哪几种？请举例说明。

4．风险管理的方法有哪些？

5．机动车保险的特征有哪些？

6．阐述我国机动车保险的发展历程。

模块二　机动车交通事故责任强制保险

任务 1　交强险投保与承保

一、填空题

1. 2006 年 3 月 21 日，国务院发布了《机动车交通事故责任强制保险条例》，该条例自________________起施行。

2.《机动车交通事故责任强制保险条例》规定，在中华人民共和国境内道路上行驶的______________或者________应当依照《中华人民共和国道路交通安全法》的规定投保机动车交通事故责任强制保险。

3. 饮酒后驾驶违法行为一次上浮的交强险费率控制在________至________之间，醉酒后驾驶违法行为一次上浮的交强险费率控制在________至________之间，累计上浮的费率不得超过________。

4. 被保险人负全部责任时，在下列赔偿限额内负责赔偿：（1）死亡伤残赔偿限额为________元；（2）医疗费用赔偿限额为________元；（3）财产损失赔偿限额为________元。

5. 被保险人无责任时，无责任死亡伤残赔偿限额为________元，无责任医疗费用赔偿限额为________元，无责任财产损失赔偿限额为________元。

6. 交强险合同解除后，投保人应当及时将____________、____________交还保险人；无法交回的，应当向保险人说明情况，征得保险人同意。

7. 医疗费用赔偿限额和无责任医疗费用赔偿限额负责赔偿医药费、诊疗费、住院费、住院伙食补助费，必要的、合理的后续____________、____________、____________。

8. 与道路交通事故相联系浮动时，应根据上年度交强险已赔付的赔案浮动。上年度发生赔案但还未赔付的，本期交强险费率____________，直至赔付后的下一年度交强险费率________________。

9. 挂车交强险保费根据实际的使用性质并按照对应吨位货车的____% 计算。

二、单项选择题

1. 我国机动车交通事故责任强制保险不实行统一的（　　）。

A．保险条款　　　　B．基础保险费率

C．责任限额　　　　D．保险赔偿金

2. 根据《机动车交通事故责任强制保险条例》规定，按照交强险业务总体上（　　）的原则，厘定交强险费率。

A．不盈利可亏损　　B．可盈利不亏损

C．不盈利不亏损　　D．可盈利可亏损

3．投保人投保机动车交通事故责任强制保险时，应当如实填写投保单，向保险人如实告知（　　）。

A．客观事项　　B．主观事项

C．相关事项　　D．重要事项

4．下列情况中，投保人可以要求解除交强险合同的是（　　）。

A．被保险机动车被依法注销登记的

B．被保险机动车办理停驶的

C．被保险机动车经公安机关证实丢失的

D．以上选项都正确

5．下列说法中错误的是（　　）。

A．除国家法律、行政法规另有规定外，交强险合同的保险期间为一年，以保险单载明的起止时间为准

B．签订交强险合同时，投保人可以在保险条款和保险费率之外，向保险人提出附加其他条件的要求

C．投保人续保的，应当提供被保险机动车上一年度交强险的保险单

D．发生保险事故后，被保险人应当积极协助保险人进行现场查勘和事故调查

6．保险公司解除机动车交通事故责任强制保险合同的，应该收回保险单和（　　）。

A．保险合同　　B．保险回执

C．保险赔款　　D．保险标志

7．下列情况中，投保人不得解除机动车交通事故责任强制保险合同的是（　　）。

A．被保险机动车被严重损坏的　　B．被保险机动车被依法注销登记的

C．被保险机动车办理停驶的　　D．被保险机动车经公安机关证实丢失的

8．机动车交通事故责任强制保险的保险期间一般为（　　）。

A．6个月　　B．1年

C．3年　　D．5年

9．交强险合同中的受害人是指（　　）。

A．因被保险机动车发生交通事故遭受人身伤亡或者财产损失的人，包括被保险机动车本车车上人员、被保险人

B．被保险机动车本车车上人员

C．因被保险机动车发生交通事故遭受人身伤亡或者财产损失的人，但不包括被保险机动车本车车上人员、被保险人

D．被保险人

三、判断题

1．首次投保交强险的机动车费率不浮动。（　　）

2．在交强险合同有效期内，被保险机动车所有权发生转移的，投保人应当及时通知保险人，并办理交强险合同变更手续。（　　）

3．为了更好地体现交强险的社会公益性，切实维护广大被保险人利益，根据《机动车交通事故责任强制保险条例》规定，按照交强险业务总体上不盈利不亏损的原则，厘定交强险费率。（　　）

4．若上一年度发生一次有责任不涉及死亡的道路交通事故，那么交强险的保险费为655元。（　　）

5．被保险机动车经公安机关证实丢失后追回的，根据投保人提供的公安机关证明，在丢失期间发生道路交通事故的，交强险费率向上浮动。（　　）

6．《机动车交通事故责任强制保险条款》规定，发生《机动车交通事故责任强制保险条例》所列明的投保人、保险人解除交强险合同的情况时，保险人按照日费率收取自保险责任开始之日起至合同解除之日止期间的保险费。（　　）

7．目前，北京、上海、山东3个地区已实施“免贴纸质交强险标志”政策，使用电子交强险标志代替。而在没有实施上述政策的地区，投保交强险的车辆应按规定粘贴或携带交强险标志。（　　）

8．与道路交通事故相联系的浮动比率X为X1～X6其中之一，不累加。同时满足多个浮动因素的，按照向上浮动或者向下浮动比率的高者计算。（　　）

9．交强险费率浮动标准根据被保险机动车所发生的道路交通事故计算，摩托车和拖拉机暂不浮动。（　　）

10．交强险实行限额责任赔偿，而机动车商业保险实行比例责任赔偿。（　　）

四、简答题

1．什么是交强险？交强险的特征有哪些？

2．简述交强险的保险责任。

3．交强险的费率调整应遵循哪些原则？

4．简述交强险投保实务。

5．简述交强险承保实务。

任务2 交强险理赔

一、填空题

1.《机动车交通事故责任强制保险条例》规定了____________________及时支付或垫付抢救费用的义务，支付或垫付抢救费用的金额以________________________或_________________________为限。

2．交通事故________________或者应由道路交通事故社会救助基金垫付的抢救费用，保险人不予以支付。

3．事故机动车中应投保而未投保交强险的车辆，视同_____________参与计算。

4．保险公司自收到被保险人提供的证明和资料之日起____日内，对是否属于保险责任做出核定，并将结果通知被保险人。对属于保险责任的，在与被保险人达成赔偿保险金的协议后____日内，赔偿保险金；对不属于保险责任的，应当书面说明理由。

5．保险公司在完成赔付后____个工作日内将有关赔付情况上传至车险信息平台。

6．_________________日起，《交强险财产损失“互碰自赔”处理办法》正式实施。

7．原则上，任何一方损失金额超过_______元的，不适用“互碰自赔”方式，按一般赔案处理。即对三者车辆损失_______元以内部分，在交强险限额内赔偿；其他损失在商业险项下按事故责任比例计算赔偿。

二、单项选择题

1.《中华人民共和国道路交通安全法》第七十五条规定，（　　）对交通事故中的受伤人员应及时抢救，不得因抢救费用未及时支付而拖延救治。

A．保险公司　　B．医疗机构

C．肇事者　　D．行人

2．道路交通事故社会救助基金按照机动车交通事故责任强制保险（　　）的一定比例提取。

A．保险费　　B．责任限额

C．保险金额　　D．未到期责任准备金

3．保险公司应当自（　　），书面告知被保险人需要向保险公司提供的与赔偿有关的证明和资料。

A．知悉赔偿申请之日起 3 日内

B．知悉赔偿申请之日起 1 日内

C．收到赔偿申请之日起 3 日内

D．收到赔偿申请之日起 1 日内

4．下列情况中，保险公司不用垫付抢救费用的是（　　）。

A．驾驶人未取得驾驶资格或者醉酒的

B．被保险机动车被盗抢期间肇事的

C．被保险人故意制造道路交通事故的

D．被保险机动车肇事逃逸的

5．对被保险人依照法院判决或者调解承担的精神损害抚慰金，原则上在其他赔偿项目足额赔偿后，在（　　）限额内赔偿。

A．医疗费用赔偿　　B．死亡伤残赔偿

C．财产损失赔偿　　D．误工损失赔偿

三、判断题

1．如果交强险和机动车第三者责任保险不在同一家保险公司购买，先向承保交强险的保险公司索赔，同时向承保机动车第三者责任保险的保险公司报案。（　　）

2．因抢救受害人需要保险人支付抢救费用的，保险人在接到公安机关交通管理部门的书面通知和医疗机构出具的抢救费用清单后，先行支付受害人的抢救费用。（　　）

3．无责方车辆对有责方车辆损失应承担的赔偿金额，由有责方在本方交强险无责任财产损失赔偿限额项下代赔。（　　）

4．当被保险机动车驾驶人醉酒时发生交通事故，造成受害人受伤需要抢救时所产生的费用，保险人不负责垫付和赔偿。（　　）

5．“互碰自赔”处理机制，就是对事故各方均有责任，各方车辆损失均在交强险有责任财产损失赔偿限额（3 000 元）以内，不涉及人员伤亡和车外财产损失的交通事故，由各保险公司在本方机动车交强险有责任财产损失赔偿限额内对本车损失进行赔付。（　　）

6．若是异地出险，“互碰自赔”方式就不适用了。（　　）

四、简答题

1. 保险人在交强险各分项赔偿限额内，对受害人总赔款、死亡伤残赔款、医疗费用赔款、财产损失赔款计算的基本公式是什么？

2. A 车发生交通事故，造成两行人甲、乙受伤，甲的医疗费用为 11 000 元，乙的医疗费用为 8 000 元。试计算甲、乙可获得的交强险赔款。

3．“互碰自赔”处理机制适用的条件有哪些？

4．画出交强险的索赔流程图。

模块三　机动车商业保险投保与承保

任务 1　机动车商业保险概述

一、填空题

1．2020 年 9 月 2 日，中国银保监会发布《关于实施车险综合改革的指导意见》，自__________________正式实施《中国保险行业协会机动车商业保险示范条款（2020 版）》等五个商业车险示范条款。

2．根据《中国保险行业协会机动车商业保险示范条款（2020 版）》，机动车商业保险分为________和__________。

3．机动车商业保险主险包括______________________、______________________、______________________。

4．保险期间内，被保险人或被保险机动车驾驶人在使用被保险机动车过程中，因______________、______________造成被保险机动车直接损失，且不属于免除保险人责任的范围，保险人依照保险合同的约定负责赔偿。

5．发生保险事故时，被保险人或驾驶人为防止或者减少被保险机动车的损失所支付的必要的、合理的施救费用，由__________承担。

6．投保时被保险机动车的实际价值由投保人与保险人根据______________________协商确定或__________________协商确定。

7．被保险人车辆折旧时，最高折旧金额不超过投保时被保险机动车新车购置价的____%。

8．因保险事故损坏的被保险机动车，修理前被保险人应当会同保险人检验，协商确定______________、______________、______________。

9．对于投保人与保险人在投保时协商确定绝对免赔额的，保险人在依据保险合同约定计算赔款的基础上，增加______________________。

10．施救的财产中，含有保险合同之外的财产，应按__________________________占______________________的比例分摊施救费用。

11．被保险机动车一方负主要事故责任的，事故责任比例为______%；被保险机动车一方负同等事故责任的，事故责任比例为______%；被保险机动车一方负次要事故责任的，事故责任比例为______%。

12．机动车车上人员责任保险中的车上人员是指发生意外事故的瞬间，在______________________或__________的人员，包括______________的人员。

13．发生保险事故时，被保险人或驾驶人应当及时采取合理的、必要的________和______________，防止或者减少损失，并在保险事故发生后____h 内通知保险人。

14. 被保险机动车全车被盗抢的，被保险人知道保险事故发生后，应在____h 内向出险当地公安刑侦部门报案，并通知____________。

15. 因履行保险合同发生的争议，由当事人协商解决，协商不成的，由当事人从下列两种合同争议解决方式中选择一种，并在保险合同中载明：____________________或____________________。

16. 被保险机动车发生主险约定的保险事故，保险人按照主险的约定计算赔款后，扣减附加绝对免赔率特约条款约定的免赔，即____。

17. 附加车身划痕损失险的保险金额为_______元、_______元、_______元或_______元，由投保人和保险人在投保时协商确定。

18. 附加机动车增值服务特约条款包括________________特约条款、________________特约条款、________________特约条款、________________特约条款共四个独立的特约条款。

二、单项选择题

1. 保险期间内，被保险机动车被盗窃、抢劫、抢夺，经出险地县级以上公安刑侦部门立案证明，满（　　）日未查明下落的全车损失，以及因被盗窃、抢劫、抢夺受到损坏造成的直接损失，且不属于免除保险人责任的范围，保险人依照保险合同的约定负责赔偿。

A．30　　　　B．40

C．50　　　　D．60

2. 9 座以下营业性出租客车月折旧系数是（　　）。

A．0.8%　　　　B．0.9%

C．1.0%　　　　D．1.1%

3. 机动车发生全部损失时，损失赔款的计算方法是（　　）。

A．赔款 = 保险金额 – 被保险人已从第三方获得的赔偿金额 – 绝对免赔额

B．赔款 = 保险金额 – 被保险人已从第三方获得的赔偿金额

C．赔款 = 保险金额 – 被保险人已从第三方获得的赔偿金额 + 绝对免赔额

D．赔款 = 实际修复费用 – 被保险人已从第三方获得的赔偿金额 – 绝对免赔额

4. 被保险人索赔时不需要提供的材料是（　　）。

A．保险单　　　　B．第三者的驾驶证

C．被保险机动车行驶证　　　　D．有关费用单据

5. 保险人收到被保险人的赔偿请求后，应当及时做出核定；情形复杂的，应当在______日内做出核定。保险人应当将核定结果通知被保险人；对属于保险责任的，在与被保险人达成赔偿协议后______日内，履行赔偿义务。（　　）

A．20　10　　　　B．30　15

C．20　15　　　　D．30　10

6. 保险责任开始前，投保人要求解除保险合同的，应当向保险人支付应交保险费金额（　　）的退保手续费，保险人应当退还保险费。

A．6%　　　　B．5%

C．4%　　　　D．3%

7．绝对免赔率有（　　）四个档次。

A．5%、10%、15%、20%　　B．10%、15%、20%、25%

C．15%、20%、25%、30%　　D．20%、25%、30%、35%

8．机动车损失保险的保险金额按（　　）确定。

A．新车购置价　　B．投保时被保险机动车的实际价值

C．协商价值　　D．出险时被保险机动车的市场价值

9．下列损失中，属于机动车损失保险赔偿范围的是（　　）。

A．车辆因意外事故侧翻，导致所载货物的部分损失

B．车辆因高速行驶后，自燃导致车身部分损毁

C．事故发生后，在抢救车辆的过程中发生的必要的施救费用

D．在事故中，车上人员随身携带的物品的损失

10．下列选项中，属于机动车第三者责任保险的保险责任范围内的是（　　）。

A．被保险机动车对被保险人所有或代管的财产造成的损失

B．被保险机动车行驶时发生意外事故致使本车所载乘客伤亡

C．被保险人在使用被保险车辆时不慎将路边行人撞伤

D．被保险机动车行驶时发生意外事故致使拖带的未保险车辆倾覆

11．驾驶员下列（　　）行为造成被保险车辆或第三者损失的，由保险人负责赔偿。

A．饮酒　　B．吸毒

C．被药物麻醉　　D．生病

12．下列选项中，不属于机动车第三者责任保险的责任免除范围的是（　　）。

A．被保险人及其家人的人身伤亡　　B．本车车上其他人员的人身伤亡

C．第三者责任　　D．无过失责任

13．（　　）的被保险人给第三者造成损害，对第三者应负的赔偿责任确定的，根据被保险人的请求，保险人应当直接向该第三者赔偿。被保险人怠于请求的，第三者就其应获赔偿部分直接向保险人请求赔偿的，保险人可以直接向该第三者赔偿。

A．机动车第三者责任保险　　B．人身保险

C．财产保险　　D．意外保险

14．机动车车上人员责任保险的被保险人或被保险机动车一方根据有关法律法规规定选择自行协商或由公安机关交通管理部门处理事故，但未确定事故责任比例的，被保险机动车一方负同等事故责任的，事故责任比例为（　　）。

A．20%　　B．30%

C．50%　　D．60%

三、多项选择题

1．下列选项中，当被保险人发生事故时，保险人可以拒绝赔偿的是（　　）。

A．被保险人酒驾　　B．被保险人逃逸

C．被保险人毒驾　　D．被保险人伪造现场

2．下列选项中，属于机动车商业保险附加险的有（　　）。

A．附加车轮单独损失险　　B．全车盗抢险

C．附加精神损害抚慰金责任险　　　　D．附加法定节假日限额翻倍险

3．下列选项中，(　　)导致的被保险机动车的损失和费用，保险人不负责赔偿。

A．因战争、军事冲突、恐怖活动、暴乱、污染（含放射性污染）、核反应、核辐射

B．因违反安全装载规定

C．因被保险机动车被转让、改装、加装或改变使用性质等，导致被保险机动车危险程度显著增加，且未及时通知保险人，因危险程度显著增加而发生保险事故

D．因投保人、被保险人或驾驶人故意制造保险事故

4．下列选项中，(　　)条款是附加车上货物责任险的责任免除条款。

A．违法、违章载运造成的损失

B．因包装、紧固不善，装载、遮盖不当导致的任何损失

C．车上人员携带的私人物品的损失

D．保险事故导致的货物减值、运输延迟、营业损失及其他各种间接损失

E．法律、行政法规禁止运输的货物的损失

5．下列选项中，属于车辆保险事故中的第三者财产损失的有（　　）。

A．第三者车辆所载货物　　　　B．道路、道路安全设施

C．房屋建筑、电力和水利设施　　　　D．道旁树木花卉、道旁农田庄稼

6．机动车损失保险的保险责任有（　　）。

A．自然灾害　　　　B．意外事故

C．施救费用　　　　D．车载货物相互碰撞

7．被保险机动车的（　　）损失和费用，保险人不负责赔偿。

A．故障　　　　B．倾覆

C．滑坡　　　　D．暴乱

8．我国机动车损失保险的保险标的包括（　　）。

A．特种车　　　　B．新能源车

C．汽车　　　　D．电瓶车

四、判断题

1．发生保险事故时，被保险人或驾驶人为防止或者减少被保险机动车的损失所支付的必要的、合理的施救费用，无论多少都由保险人承担。　（　　）

2．小张的车辆在送往保养时，由于维修人员操作不当使车辆受损，小张找保险公司理赔，保险公司拒赔合理。　（　　）

3．被保险人或其允许的驾驶人给第三者造成损害，未向该第三者赔偿的，保险人不得向被保险人赔偿。　（　　）

4．发生机动车第三者责任保险的保险事故后，保险人依据条款约定在保险责任范围内承担赔偿责任。赔偿方式由保险人与被保险人协商确定。当无法协商确定时，双方交由法院判决确定。　（　　）

5．玻璃单独破碎险、自燃损失险、发动机涉水险、不计免赔率特约条款、无法找到第三方特约条款、指定专修厂特约条款都属于附加险。　（　　）

6．投保了附加绝对免赔率特约条款的车辆保险费会增加。　（　　）

7．投保人、被保险人或驾驶人知道保险事故发生后，故意或者因重大过失未及时通知，造成的损失保险人将不负责赔偿。（ ）

8．被保险人已经从第三方取得损害赔偿的，保险人进行赔偿时，相应扣减被保险人从第三方已取得的赔偿金额。（ ）

9．只有投保了主险机动车损失保险，才可以投保附加险附加车轮单独损失险。（ ）

10．机动车第三者责任保险根据费率表的限额档次选择一种责任限额：10 万元、15 万元、20 万元、30 万元、50 万元、100 万元、150 万元、200 万元、300 万元、400 万元、500 万元、600 万元、800 万元或 1 000 万元，选择 200 万元以上的限额档次，且未在费率表上列示的，必须是 100 万元的整倍数。（ ）

11．只要购买了机动车车上人员责任保险，那么车上人员出险后的赔款都可以获得赔偿。（ ）

12．机动车第三者责任保险条款中列明：除另有约定外，投保人应当在保险合同成立时缴清保险费；保险费缴清前发生的保险事故，保险人不承担赔偿责任。（ ）

13．机动车车上人员责任保险的保险人按照《道路交通事故受伤人员临床诊疗指南》或国家基本医疗保险的同类医疗费用标准核定医疗费用的赔偿金额。（ ）

五、简答题

1．简要介绍机动车损失保险。

2．简要介绍机动车第三者责任保险。

3．简述机动车车上人员责任保险的车上人员的含义。

4．投保主险机动车损失保险后才可以购买的附加险有哪些？

5．投保主险机动车第三者责任保险后才可以购买的附加险有哪些？

任务 2　机动车保险营销

一、填空题

1．保险营销就是在变化的市场环境中，以________为商品，以________________为中心，以____________________为目的，实现保险企业目标的一系列活动。

2．保险营销的内涵包括三个方面：________________、________________、________。

3．保险经纪人是基于____________的利益，为____________与____________订立保险合同提供中介服务，并依法收取________的机构。

4．保险营销的主体是指保险商品的“生产”者和推销者，包括各类____________、____________________和____________________。

5．保险销售人员在销售之前应当准备各种销售工具，主要包括笔、________、________、公司简介、________________、保险单证、保险条款等。

6．直接业务模式是指保险公司利用自己的职员进行____________________的模式。

7．保险代理人可以分为三类：____________、____________、____________。

8．保险销售人员必须塑造专业的形象，主要包括____________、____________、____________、____________等。

二、单项选择题

1．保险市场营销的对象是（　　）。

A．保险人　　B．被保险人

C．投保人　　D．保险经纪人

2．下列选项中，使用手机短信的做法不礼貌的是（　　）。

A．在与人谈话时不停地查看或编发短信
B．在内容后署名
C．尽量使用清楚明白的语言，不随意简化省略
D．以上选项都正确

3．登门拜访他人时，下列做法中正确的是（　　）。
A．未经过主人邀请或许可，不进入卧室
B．入座后不能走动
C．主动参观主人家里的摆设，自由进入各个房间
D．以上选项都正确

4．与人握手时，下列做法中正确的是（　　）。
A．目光应注视对方，以表示对对方的尊重
B．目光应转向他处，以表示对对方的尊重
C．目光看哪里都行，只要热情就好
D．以上选项都正确

三、多项选择题

1．机动车保险市场营销模式包括（　　）。
A．直接业务模式　　B．代理业务模式
C．经纪人业务模式　　D．营销业务模式

2．保险营销人员必备的心理素质包括（　　）。
A．正确的营销心态　　B．团队精神
C．忽悠能力　　D．遵守职业道德

3．保险营销的特点包括（　　）。
A．主动性　　B．以人为本
C．注重关系营销　　D．诚信性

四、判断题

1．保险销售人员要善于利用团队中各方面的资源，与团队成员精诚合作，以团队的力量来规划个人的职业生涯，以团队的力量去帮助个人实现自我价值。（　　）

2．保险销售人员无论是在与客户的日常交往中，还是在讲解保险的工作中，都要适当的“忽悠”，以便促成保险单，保险条款则可以一带而过。（　　）

3．保险经纪人的业务范围要比保险代理人广，如受保险公司委托充当保险公司的代理人，也可以代理保险公司进行损失的查勘和理赔，甚至还可以从事保险和风险管理咨询服务。（　　）

4．保险销售人员为了能够与客户拉近关系，必要时可以采用地方方言与客户进行交流。（　　）

5．不得将保险条款夸大其词，超越权限向投保人私自承诺，或误导投保人投保。（　　）

五、名词解释

1. 代理业务模式

2. 保险公估人

六、简答题

1. 简述保险营销的特点。

2. 简述机动车保险销售流程。

3．简述机动车保险展业宣传的内容。

4．保险商品主要有哪些特性？

5．保险营销人员的心理准备主要有哪些？

任务3　机动车商业保险投保

一、填空题

1．一般保险责任全面的产品，保险费________；反之，保险费________。

2．保险公司的组织形式包括________________、________________、________________和________________。

3．保险公司的组织机构主要包括________________、________________、________________、法务部门及其他部门等。

4．保险市场中机动车保险常见的兼业代理机构包括________________、________________、________、邮政等。

5．投保信息不真实，会对________________、________及________________等产生负面影响。

6．选择____________、________________的保险公司是投保人投保时首要考虑的因素。

7．填写投保单时，如投保人或投保经办人不会或不愿意自己填写，可以由投保人或投保经办人________，由保险公司保险销售人员或代理人员代为填写。填写好后，应向投保人或投保经办人复述，经其确认无误后须由投保人或投保经办人____________________。

二、多项选择题

1．在制定保险方案之前应对投保人或潜在被保险人的情况进行充分的了解，主要包括（　　）。

A．投保人的工作性质　　B．投保人的经济情况

C．投保车辆驾驶人的情况　　D．投保人以往的投保情况

2．保险公司的实力主要从（　　）方面考察。

A．市场信誉度　　B．服务能力

C．服务网络是否全国化　　D．偿还能力

3．机动车商业保险险种完全保障方案使用的对象有（　　）。

A．机关　　B．大公司

C．事业单位　　D．个人

4．机动车商业保险险种最佳保障方案包括（　　）。

A．机动车损失保险　　B．机动车第三者责任保险

C．附加车身划痕损失险　　D．机动车车上人员责任保险

三、判断题

1．股份有限公司是由所有参加保险的人自己设立的保险法人组织，其经营目的是为各保单持有人提供低成本的保险产品，而不是追逐利润。（　　）

2. 因为车险的好坏要根据保险公司的实力来决定，所以，对车主来讲，购买车险应该只重价格，越贵越好，其他的都是次要的。（ ）

3. 专业代理的优点是服务积极，上门办理手续，协助理赔；缺点是成本比较高，价格较贵。（ ）

4. 服务网络是考核保险公司实力的一个重要因素，目前一些大的保险公司都在全国各地建立了服务网络，如异地出险，可实现就地理赔（全国通赔），省去了被保险人的麻烦。（ ）

5. 购买车险产品时首要考虑的因素就是是否可以得到全额赔偿，包括购买的便利性和出险后的理赔服务。（ ）

6. 上门投保是目前最方便快捷的投保方式，这种投保方式自主选择性强，对于熟悉保险的投保人比较适用。（ ）

四、简答题

1. 设计保险方案的基本原则有哪些？

2. 简述设计保险方案的基本流程。

3. 识别和评估被保险车辆的主要风险有哪些？

4. 如何选择保险公司？

5．简述机动车保险的投保流程。

6．简述机动车商业保险险种组合方案中的基本保障方案和最佳保障方案。

任务 4　机动车商业保险保险费的计算

一、填空题

1．机动车保险费率由＿＿＿＿＿＿和＿＿＿＿＿＿两部分组成。

2．纯保险费率是指用来建立保险补偿或给付保险金的费率，也叫＿＿＿＿＿＿。它被用于＿＿＿＿＿＿＿＿，用于将来赔付和其他用途的准备金。附加费率是用于保险人支付或给付保险补偿金之外的费用的补偿，如保险公司的工资、__________、__________、________、利润等。附加费率是保险费率中不可缺少的构成要素。

3．机动车保险费率的确定原则有__________，__________，______________，简明、易懂、易运用。

4．驾龄的长短可以从一个侧面反映驾驶人的驾驶经验，通常认为初次领证后的_____年为事故多发期。

5．随着行驶地域的扩大，风险程度积累越大。如省（市）内行驶风险____国内行驶风险____出入境内外风险。

二、多项选择题

1．机动车保险费率的确定模式包括（　　）。

A．从车模式　　B．混合模式

C．从人模式　　D．从业模式

2．从车模式要考虑的因素有（　　）。

A．车辆自身风险　　B．地理环境风险

C．社会环境风险　　D．驾驶人员风险

3．车辆自身风险因素包括（　　）。

A．排气量　　B．车龄

C．行驶区域　　D．使用性质

4．社会环境风险因素包括（　　）。

A．法制环境　　B．治安情况

C．行业自律情况　　D．监管情况

E．人文环境

5．附加费率是用于保险人支付或给付保险补偿金之外的费用的补偿，主要包括（　　）。

A．管理费　　B．中介费

C．保险公司的工资　　D．利润

E．税金

6．营业车辆主要指从事社会运输并收取运费的车辆，包括（　　）。

A．城市公交营业客车　　B．租赁营业客车

C．校车　　D．营业货车

三、判断题

1．机动车损失保险及其附加险根据上一保险期间发生保险赔偿的总金额，在续保时实行保险费浮动。（　　）

2．机动车损失保险根据被保险机动车车辆使用性质、车辆种类、车型名称、车型编码、车辆使用年限所属档次直接查询基准纯风险保险费。（　　）

3．一般情况下，座位数越多，运载的乘客数也就越多，对于乘客的责任风险就会越大。（　　）

4．对保险人而言，只要费率没有发生变化，被保险标的数目就不会发生变化，保险费也不会发生变化。（ ）

5．客货两用车按相应客车或货车中的较高档费率计收保险费。（ ）

6．从人费率模式考虑的风险因素主要有驾驶人的年龄、性别、驾龄和安全记录等。（ ）

四、简答题

1．简述机动车商业保险保险费的计算公式。

2．简述机动车车上人员责任保险保险费的计算公式。

3．简述无赔款优待等级计算规则。

4. 简述机动车损失保险保险费的计算方式。

任务5 机动车商业保险承保

一、填空题

1. 机动车保险合同的主要形式有____________、____________、____________、____________、________。

2. 机动车保险合同的变更主要包括____________________、____。

3. 机动车保险合同一般约定在合同成立后的某一时间生效，但在保险实务中普遍实行“________________________”。

4. 在保险合同订立时，投保人或被保险人应当将________________________如实告知保险人。

二、单项选择题

李某于2020年3月4日填写投保单投保机动车损失保险，保险公司于3月5日进行审核，3月6日收取保险费并于当时签发了保险单，保险单于3月7日送达李某。该合同的生效时间是（　　）。

A. 3月5日零时　　B. 3月6日零时

C. 3月7日零时　　D. 3月8日零时

三、多项选择题

1．保险合同的成立要件一般有（　　）。

A．投保人提出保险要求

B．保险人同意承保

C．保险人与投保人就合同的条款达成协议

D．保险人提出保险要求

2．对保险业务中发生的争议，可采取（　　）方式来处理。

A．协商　　B．调解

C．仲裁　　D．诉讼

四、名词解释

1．投保单

2．保险单

3．暂保单

4．批单

5．文义解释原则

五、简答题

1. 简述机动车保险合同的一般特征。

2. 何谓最大诚信原则？

3. 何谓保险利益原则？

4. 简述机动车保险承保的含义及基本要求。

5．简述机动车保险承保的工作流程。

6．简述核保的基本内容。

7. 简述退保时应退保险费计算方式。

8. 简述续保的含义。

模块四　机动车商业保险理赔

任务 1　报案受理与事故现场查勘

一、填空题

1．事故现场通常可以分为__________、__________、__________、__________、__________。

2．保险事故发生后，事故当事人应及时向保险公司报案。如果在异地发生保险事故，事故当事人应向____________________报案。在保险公司抵达事故现场之前，事故当事人应采取必要的__________。

3．现场查勘主要是对事故车辆的查验、____________、____________和人身损伤查勘等。

4．现场照相一般应遵循以下原则：先拍原始，后拍______；先拍重点，后拍______；先拍容易的，后拍__________；先拍________________，后拍不易消失与未被破坏的。

5．现场查勘是查明汽车保险事故真相的重要手段，是分析事故原因和认定__________的依据，所以现场查勘应公正、客观地进行。

6．保险事故报案期限要求保险事故发生后__________，并在____h 内通知保险公司。

7．保险公司均建立了各自的____________，配备了__________________，通过经验丰富的____________，保证事故查勘工作的快速、有效、准确。

8．核赔工作的主要内容包括核定保险标的_____________、_____________，核定_____________，核定_____________及赔款理算。

9．对属于保险责任的事故，调度人员应及时通知查勘人员进行现场查勘。查勘人员应__________________________，并及时向_____________报告。

二、单项选择题

1．现场查勘时，对行驶证的查验应注意（　　）。

A．行驶证自身的真伪

B．行驶证副页上检验合格章的真伪，即行驶证的有效期

C．行驶证上的车主与保险单登记的是否一致

D．以上选项都正确

2．机动车保险理赔的正确操作流程是（　　）。

A．报案受理→事故现场查勘→定损与核损→核赔→赔付结案→赔款理算

B．报案受理→事故现场查勘→定损与核损→核赔→赔款理算→赔付结案

C．报案受理→事故现场查勘→定损与核损→赔款理算→核赔→赔付结案

D．以上选项都不正确

三、多项选择题

1．调查取证阶段，需要调查下列内容：出险时间、出险地点、出险原因、事故车辆驾驶人情况、出险经过与原因和（　　）。

A．财产损失情况　　B．人员伤亡情况

C．施救情况　　D．事故现场调查

2．通知保险公司的方式有到保险公司报案、（　　）。

A．事故处理后报案　　B．电话报案

C．让对方报案　　D．网络报案

3．下列选项中，属于事故查勘模式的有（　　）。

A．现场查勘模式　　B．在线远程查勘模式

C．非现场查勘模式　　D．现场复勘模式

4．被保险人出险时，可以采用（　　）方式报案。

A．到保险公司报案　　B．微信报案

C．电话报案　　D．网络报案

四、判断题

1．查勘用具主要包括查勘车辆、数码相机、手电筒、卷尺、笔、记录本和书写板等。（　　）

2．现场查勘是事故处理的起点，是保险理赔的基础。（　　）

3．保险事故发生后应立即报警，应在 48 h 内通知保险公司。（　　）

4．外地出险的事故，被保险人不可以向投保保险公司分支机构报案。（　　）

五、简答题

1．接受报案的主要内容有哪些？

2．简述接受报案的流程。

3．简述事故现场查勘的定义。

4．简述事故现场查勘的方法。

5．事故现场查勘前需要做哪些准备？

6．简述现场照相的步骤。

任务 2　定损与核损

一、填空题

1．保险公司一般应指派______名定损人员一起参与车辆定损。

2．定损的步骤包括确定事故车辆的维修方案，并对损坏的零部件由表及里进行登记，且依据________、________的类别进行分类。

3．机动车定损的方法有________________________________、准确判断新旧碰撞损失、________________。

4．凡被保险人自行承诺或支付的赔偿金额，定损人员应________________，对不合理的部分应予________。

5．进行审核定损工作时，如发现有不合格项目，应及时通知________________重新提供____________、____________的定损资料。

6．对于能修理的零部件尽量修复，不要随意更换，应________________，__________________。

7．对于不符合保险合同条件的案件，如不在保险有效期、被保险人未按照约定缴纳保险费或____________________的报案，应在机动车保险报案、立案登记簿上签注“________________”，并向被保险人做出书面通知和必要的解释。

二、单项选择题

1．对于核损环节，以下说法中不正确的是（　　）。

A．核损人员可以修改定损价格

B．核损人员不能修改定损价格，只能填入核损金额

C．核损人员可以对定损人员的工作质量评分

D．核损人员可以录入协议金额

2．下列选项中，关于定损原则的表述不正确的是（　　）。

A．既不影响使用性能又不影响外观质量，且利用简单工艺即可恢复的，应以修复为主

B．二类以上维修企业技术水平无法修复或在工艺上无法保证修后质量的应更换

C．当配件修复费用超过或等于该配件更换费用时应更换

D．更换件规格可以高于原车事故前装配的规格

3．人员伤亡案件的核损工作应由（　　）承担。

A．警察　　B．具有临床经验的专业医生

C．保险公司　　D．伤亡人员

4．常用的定损方式有协商定损、公估定损、聘请专家定损。目前，在机动车保险实务中通常采用的是（　　）。

A．协商定损　　B．公估定损

C．聘请专家定损　　D．车辆购置价定损

三、多项选择题

1．车辆定损应注意区别本次事故造成的损失和非本次事故造成的损失，一般可根据事故部位的痕迹进行判断，下列说法中正确的是（　　）。

A．本次事故的碰撞部位，一般有脱落的漆皮痕迹

B．本次事故的碰撞部位，一般有新的金属刮痕

C．本次事故的碰撞部位，一般有油污

D．本次事故的碰撞部位，一般有锈迹

2．人身伤亡可以赔偿的合理费用主要包括（　　）。

A．医疗费　　B．残疾者生活补助费

C．死亡补偿费　　D．精神损失补偿费

3．被保险车辆出险后定损、核损的内容主要有车辆损失的确定、（　　）和残值处理等。

A．其他财产损失的确定　　B．人员伤亡费用的确定

C．施救费用的确定　　D．事故处理费用的确定

四、判断题

1．定损时只要保险公司在场，明确了修理范围、修理项目、确定所需费用及签订事故车辆估损单后就可以让事故车辆进厂修理。（　　）

2．在对附加车上货物责任险中的货物损失进行核损时，需要被保险人提供运单、起运地货物价格证明以及第三方向被保险人索赔的函件等单证材料。 （ ）

3．被保险车辆出险后，被保险人赶赴事故现场处理所支出的费用，保险公司负责赔偿。 （ ）

4．凡被保险人自行承诺或支付的赔偿金额，定损人员应重新核定，对不合理的部分应予剔除。 （ ）

5．损失金额无论多少，都需要将损失确认书及相关定损资料上报核损人员进行核损，核损通过后，由定损人员与被保险人签订损失确认书。 （ ）

五、简答题

1．简述事故车辆定损原则。

2．简述事故车辆核损的主要内容。

六、案例分析

1．曹先生将自有出租车向某保险公司投保了机动车第三者责任保险，责任限额为30万元，保险期间为2019年4月11日至2020年4月10日。2019年11月26日，曹先生雇用的司机高某在驾驶该出租车营运过程中将刘某撞伤，刘某当即被送至医院，经住院治疗后已治愈。本案由公安机关交通管理部门出具裁决书：肇事司机高某负此事故的主要责任，伤者刘某负此事故的次要责任。伤者刘某共花费医疗费、住院伙食补助费、护理费、交通费合计65 000元。曹先生到保险公司要求理赔。保险公司应如何赔偿？

2．刘女士驾车回家，快到自家车库门口时，儿子看见妈妈回来了，就飞奔过来迎接，结果刘女士在倒车时，不慎将儿子撞伤，在医院治疗期间，花费了几万元的医疗费。刘女士之前投保了保险金额为50万元的机动车第三者责任保险，于是刘女士向保险公司报案，向保险公司提出了索赔请求，但是刘女士的索赔遭到了保险公司的拒绝。保险公司应如何向刘女士解释？

任务3 赔款理算、核赔与赔付结案

一、填空题

1. 为了准确客观地、无争议地完成保险理赔业务，保险公司的理赔工作应严格执行汽车理赔的有关规定，在查勘、________、________过程中，要做到双人查勘、________定损、交叉复核。

2. 赔款计算书是支付赔款的正式凭证，赔款理算人员要对赔款计算书中各栏内容详细填写，确保项目齐全、____________。损失计算要__________、__________计算，并列明计算公式，同时，免赔率也要________计算。

3. 理赔案卷应做到______________整理、装订、登记、保管，防止____________。理赔案卷要做到单证齐全、______________、____________、____________，________及原始单据一律粘贴整齐并附说明。

4. 核赔是指独立负责理赔质量的人员在授权范围内，按照________________和____________________有关规章制度对赔案进行审核的过程。核赔的核心是体现__________。

5. 已决赔案的处理是在赔案按分级权限审批后，保险业务人员根据核赔的审批金额，填发“____________________”，并通知____________领取、财务部门支付赔款。保险业务人员应按照赔案编号，录入“________________________”，同时在“机动车保险报案、立案登记簿”备注栏中注明赔案编号与________，作为续保时核算无赔款优待的依据。

二、单项选择题

1. 赔款理算是根据被保险人索赔时提供的各项单据，分析判断（　　），公正、合理地确定损失，迅速、准确地计算保险赔款。

A. 保险责任　　B. 赔偿比例

C. 免赔比例　　D. 扣除

2. 赔款理算时，涉及车辆损失的，下列选项中不需要提供的是（　　）。

A. 机动车损失情况确认书　　B. 零部件更换项目清单

C. 修理项目清单　　D. 机动车购买发票

三、多项选择题

核赔内容主要包括审核单证、核定保险责任及核定（　　）。

A. 损失　　B. 赔偿比例

C. 免赔率　　D. 赔款

四、判断题

1. 未决赔案是指截至规定的统计时间，已经完成估损、立案，尚未结案的赔款案件，或被保险人尚未领取赔款的案件。 （ ）

2. 被保险人按照要求提供了理赔所需的单证后，保险人应与被保险人办理单证的交接手续，并对被保险人提供的有关单证进行审核。 （ ）

3. 涉及人员伤亡的需提供财产损失确认书、设备总体造价及损失程度证明、设备恢复的工程预算、财产损失清单、购置或修复受损财产的有关费用单据等。 （ ）

五、简答题

1. 简述赔款理算工作的主要内容。

2. 简述核赔内容。

3. 对于未决赔案应如何处理？

模块五 事故车辆损伤鉴定

任务 1 事故车辆受损部位的确定与处理

一、填空题

1．虽然大部分车主购买保险的初衷是在出险时降低损失，但是也存在某些人利用保险的初衷是借车辆发生事故之际，千方百计制造假象，企图获得更多或者不该得到的经济赔偿，因此，定损人员在对事故车辆的损失进行鉴定时，要__________、__________、__________。

2．事故车辆受损部件更换与修理的技术标准有《____________________》《____________________》。

3．汽车水箱的修理作业中常使用__________焊接方法。

二、单项选择题

1．塑料制成的燃油箱被碰撞出现裂纹，制定维修方案时，可以考虑（　　）。

A．更换　　B．焊接修复

C．根据实际情况决定　　D．以上选项都正确

2．某高档车前照灯采用玻璃制成镜面、热塑性塑料制成支架，若碰撞导致支架部分局部破损，而整个前照灯无损，可采取（　　）修复方式。

A．黏结　　B．塑料焊焊接

C．更换整个前照灯　　D．以上选项都正确

3．下列配件中，应考虑给其更换的是（　　）。

A．修理后使用寿命可以达到新件使用寿命 80% 的配件

B．优质大保户单位的可以不更换的发动机舱盖

C．修理费低于新件价格 30% 的低价值配件

D．修理费低于新件价格 50% 的中等价值配件

三、判断题

1．A 柱因碰撞造成的损伤多以更换为主。（　　）

2．在钣金件定损中应采用“弯曲变形就修，折曲变形就换”的原则。（　　）

3．夹层玻璃破碎后，其状态与钢化玻璃不同，破裂仅局限于冲击点的周围，呈蛛网裂纹，冲击点以外区域不出现小裂纹，所以不妨碍驾驶员的视线。（　　）

4．汽车安全气囊及安全带引爆后，安全气囊及安全带必须更换，安全气囊系统按照生产厂家技术要求通常也应予以更换，但是有部分品牌的安全气囊系统实际上可以通过处理后继续使用。（　　）

5．对于燃油箱及要求严格的安全结构件，必须考虑更换。（　　）

四、简答题

1．简述事故车辆受损部位确定的原则。

2．简述事故车辆受损部位更换与修理确定的原则。

3．简述事故车辆电器元件受损的更换与修理方法。

任务2　事故车辆修理工时的确定

一、填空题

1．为了保证事故车辆的修理质量，维护保险公司和投保车主的利益，事故车辆定损后可以不指定修理厂，但是必须到________________或________________修理。

2．机动车维修费用的构成包括____________、____________和其他费用。

二、单项选择题

1．局部框架的中度变形需要局部拆开进行整形，其钣金修理的整形工时费用约为新件价格的（　　），如轿车的前门立柱、中立柱等。

A．10% ~ 20%　　B．20% ~ 35%

C．35% ~ 50%　　D．50% ~ 70%

2．事故车辆修理中，对机械部分进行的检查、调整、修理所需的工时称为（　　）工时。

A．钣金　　B．喷涂

C．机修　　D．维修

三、判断题

1．电工工时包括电器的修理，以及为配合其他工种作业所进行的灯具拆装、线路更换或整修、仪表台及仪表的拆装、蓄电池更换和充电、仪表传感器的拆装，发电机、起动机的检查、修理等作业所用的工时。（　　）

2．特种车的修理工时费要参照修理厂的工时定额来确定。（　　）

3．调试工时包括发动机检修后的磨合，制动系、转向系、离合器的路试检验，以及所有修理部位的检查等所需要的工时。（　　）

模块六　常见交通事故认定与保险理赔

一、填空题

1. 道路是指________、城市道路和虽在单位管辖范围但允许社会机动车通行的地方，包括________、__________等用于公众通行的场所。

2. 交通事故当事人的责任主要分为____________、____________、____________、____________和____________。

3. 观察和查看现场情况，主要查看的内容包括：一是____________、____________和____________的位置，二是____________________。

4. 如果遇到无法标划停车位置或没有拍摄条件时，当事人可以用简短的文字记录一些有关____________________，但____________________。

5. 发生交通事故后，事故当事人在____________的地点，____________后，应第一时间向____________进行报案，获得保险公司报案号后，填写____________________。

二、单项选择题

1. 交通事故发生后，只有一方当事人的行为以及过错对交通事故有作用，影响着交通事故的发生及其后果，该当事人的责任就是（　　）。

A．全部责任　　B．主要责任

C．同等责任　　D．次要责任

2. 一方全责，一方无责的交通事故，双发当事人应到（　　）保险公司办理理赔手续。

A．全责方　　B．无责方

C．有责方　　D．当事人

三、多项选择题

1. 办理交通事故快速处理的保险理赔时，应提供的材料有（　　）。

A．当事人驾驶证　　B．事故车辆行驶证

C．事故车辆保险单　　D．索赔申请书

2. 车辆行经（　　）、市区交通流量大的路段等严禁超车。

A．交叉路口　　B．窄桥

C．隧道　　D．人行横道

3. 有下列情形之一的，驾驶人应标划现场，迅速将车辆移至不妨碍交通的地点报警，等候交警处理：(　　)。

A．无检验合格标志的　　B．无交强险标志的

C．一方逃逸的　　D．未在本市投保交强险的

四、判断题

1．机动车载物应当符合合适的载质量，严禁超载；载物的长、宽、高不得违反装载要求。(　　)

2．非机动车中有畜力车和自行车等。(　　)

3．当事人的行为以及过错对交通事故没有影响，该当事人就无责任。(　　)

4．交通事故当事人对未造成人身伤亡（或仅受轻微伤），仅有财产损失的交通事故可以“私了”。(　　)

5．碰撞建筑物、公共设施及其他设施的交通事故，不能将车辆移动，应就地报警，等候交警处理。(　　)

五、简答题

1．处理交通事故的途径有哪些？

2．自行处理交通事故的方法有哪些？

3．什么情形下发生的交通事故不能挪车，应立即报警，在现场等候交警处理？

六、案例分析

1．2020 年 9 月 21 日，沈阳某货物运输有限公司向某保险公司投保解放牌半挂牵引车，分别投保了机动车损失保险，保险金额为 20 万元；机动车第三者责任保险，责任限额为 30 万元；机动车车上人员责任保险 3 人，每人每次责任限额为 5 万元；并同时投保挂车机动车损失保险和机动车第三者责任保险。

2020 年 11 月 20 日，司机赵某驾驶解放牌半挂牵引车，牵引挂车，行驶至环城高速公路，在弯道减速时，紧急制动刹车，致使车厢内钢筋向前涌出，砸到驾驶室后方，造成车辆损坏，司机赵某和随车人员薛某当场死亡。经交警处理，赵某负事故的全部责任。

被保险人沈阳某货物运输有限公司向保险公司提出索赔申请，要求赔偿车辆损失和车上人员人身伤亡损失。保险公司就被保险人的索赔有两种意见：第一种意见认为，被保险车辆的这次事故属于保险的碰撞责任，保险公司应该赔偿车辆损失和车上人员人身伤亡损失；第二种意见认为，车载货物撞击造成的本车损失不属于保险责任，保险公司不应该赔偿车辆损失，可以赔偿车上人员伤亡损失。保险公司应如何赔付？

2．张某在驾车上班途中，不慎将行人孙某撞伤，造成孙某小腿部骨折，住院两周，共花费 5 000 元治疗费。交警判定：孙某违反交通规则横穿马路，负事故的主要责任；张某正常行驶，但车速过快，负次要责任。由于张某想尽快结案，于是在交警的调解下愿意承担孙某治疗费的 70%，孙某自负 30%。事后，张某向保险公司提出索赔 3 500 元。保险公司了解事故情况后，按 30% 赔偿并扣除免赔率 5%，只赔偿张某 1 425 元。保险公司的处理是否合理?

3．2021 年 5 月 7 日，某驾校将自有的 10 台桑塔纳教练车，向某保险公司投保了机动车交通事故责任强制保险，保险期间为 1 年。2021 年 5 月 23 日，教练员刘某脚穿拖鞋在教练场地驾驶教练车，采取紧急刹车制动时，因为拖鞋滑落，误踏到油门上，车辆撞到同在教练场地的另一辆教练车，造成两台车辆损坏。此事故经公安机关交通管理部门处理，认定教练员刘某负事故的全部责任。

事故发生后，被保险人某驾校向保险公司报案，申请索赔。保险公司经过查勘，发现受损的两台车辆是同一被保险人的财产，而且被撞的车辆同时由被保险人向保险公司报案，该车与肇事车一样，在同时间投保了机动车交通事故责任强制保险。

保险公司收到被保险人的索赔申请后，对该事故如何理赔产生了两种意见：第一种意见认为，两台车辆都办理了机动车交通事故责任强制保险，可以按交强险的保险责任，在财产损失赔偿限额内，由这两台车分别在各自有责任与无责任的赔偿限额内进行赔偿；第二种意见认为，此案两台车辆的损失都不能赔付，因为根据机动车交通事故责任强制保险条款责任免除的规定，被保险人所有的财产遭受的损失，不属于保险责任范围。保险公司应如何处理?

4．2020 年 12 月 23 日，吴某驾驶自家的机动车在运输货物途中，因道路不熟，停车问路时，未拉手刹制动，车辆沿坡道向前溜行，当场将吴某撞死。事故发生后经公安机关交通管理部门认定，吴某无证驾驶车辆，停车时又未拉手刹制动，因而导致事故发生，吴某应负该起事故的全部责任。

案件发生后，吴某家属向保险公司申请理赔，保险公司以死者吴某是车主和被保险人，不属于交强险合同中所指的受害人为由，拒绝理赔。之后，吴某家属向法院提起诉讼，请求判决保险公司支付交强险赔偿 11 万元。法院应如何判决?

5. 不久前，王先生在市郊开车时，为躲避对面一辆疾驰过来的车辆，慌忙之中将车开进了路边由于前几天暴雨形成的水坑里。车子熄火了，王先生觉得无大碍就再次启动车辆，但走不了多远，就因发动机进水导致车辆再次熄火。吴先生通知修理厂将车辆拖回并修理。同时向保险公司报案，要求赔付修理费用。

但是保险公司拒绝了王先生的要求，请给出合理的解释。

6. 李某是某小学班车的驾驶员，在一雨天因路滑导致车辆撞上护栏，车上多名小学生受到不同程度的损伤，学校因此支付了大量的医疗费。事后学校有关部门想起校车投保过机动车第三者责任保险，因此向保险公司提出索赔，保险公司应如何赔偿?

综合试卷（一）

一、填空题（每空 1 分，共 20 分）

1．风险要素由________、________和________构成。

2．我国现行机动车商业保险的主险包括________、________和________。

3．保险的基本原则有________、________、________和损失补偿原则。

4．查验事故车辆的类型、型号是否属于保险标的时，主要通过驾驶人（车主）所持的________正本上记载的车辆类型、型号与保险单承保的车辆类型、型号是否相同。

5．续保时，投保人需要提供上一年度的________、被保险车辆经公安机关交通管理部门核发并检验合格的机动车行驶证及车主有效身份证件。

6．当保险双方对保险合同产生争议时，可以通过________、________或________予以解决。

7．交强险的责任限额分为________、________、________和无责任的赔偿限额。

8．保险是指投保人根据合同约定，向保险人支付保险费，保险人对于合同约定的可能发生的事故因其发生所造成的财产损失承担________责任，或者当被保险人死亡、伤残、疾病或者达到合同约定的年龄、期限等条件时承担________责任的________。

二、单项选择题（每题 2 分，共 20 分）

1．投保人提出保险要求，投保人同意承保的行为称为（　　）。

A．要约　　B．承诺

C．反要约　　D．受约

2．某企业的厂房实际价值是 100 万元，投保时保险金额为 40 万元，后房屋发生 30 万元的损失，则保险公司应赔偿（　　）万元。

A．12　　B．30

C．40　　D．100

3．2020 年 9 月，赵某将其新购价值 18 万元的轿车向甲保险公司投保机动车损失保险，约定保险金额为 20 万元，保险期间为 1 年。同年 10 月，该车被盗，根据《中华人民共和国保险法》的相关规定，你认为下列说法中正确的是（　　）。

A．保险合同无效

B．超过部分无效，其余部分仍有效

C．若是投保人善意所致，超过部分也有效

D．保险人有权解除保险合同

4．在社会信用中，投机风险大量存在，如（　　）等。

A．买入的股票等财物有被盗的可能性

B．古董店可能遭受火灾

C．期货市场上原油交易的风险

D．养鸡场可能遭受瘟疫

5．保险合同生效后，保险标的危险程度增加时，被保险人未履行危险程度增加通知义务，保险人对因危险程度增加而导致的保险标的的损失，可采取的正确方式是（　　）。

A．酌情赔偿　　B．不予赔偿

C．部分赔偿　　D．必须赔偿

6．保险代理人与投保人之间签订的保险合同所产生的权利义务，其后果承担者是（　　）。

A．投保人　　B．被保险人

C．保险人　　D．保险代理人

7．机动车发生全部损失时，损失赔款的计算方法是（　　）。

A．赔款 = 保险金额 – 被保险人已从第三方获得的赔偿金额 – 绝对免赔额

B．赔款 = 保险金额 – 被保险人已从第三方获得的赔偿金额

C．赔款 = 保险金额 – 被保险人已从第三方获得的赔偿金额 + 绝对免赔额

D．赔款 = 实际修复费用 = 被保险人已从第三方获得的赔偿金额 – 绝对免赔额

8．保险人在支付了 3 000 元的保险赔偿款后，向有责任的第三方追偿，追偿款为 5 000 元，则（　　）。

A．5 000 元全部退还给被保险人

B．多余的 2 000 元在保险双方之间分摊

C．5 000 元全归保险人

D．多余的 2 000 元退还给被保险人

9．保险人依据法律规定或合同约定，不承担赔偿和给付责任的范围称为（　　）。

A．保险责任　　B．保险范围

C．责任免除　　D．保险约定

10．我国机动车交通事故责任强制保险不实行统一的（　　）。

A．保险条款　　B．基础保险费率

C．责任限额　　D．保险赔偿金

三、判断题（每题 1 分，共 10 分）

1．保险期间内，被保险车辆违规改装、加装导致被保险车辆危险程度增加的，发生了保险事故后，保险人也应该承担赔偿责任。（　　）

2．在机动车第三者责任保险中，本车上的乘客属于第三者。（　　）

3．在事故现场照相时，面对车辆所拍摄的两个 45° 的照片是指：一张 45° 照片反映左

前侧面及牌照，另外一张 45° 照片反映右前侧面及牌照。（　）

4．经保险人同意后，对事故车辆损失原因进行鉴定的费用应由保险人承担。（　）

5．被保险车辆发生火灾时，不应当赔偿被保险人或其允许的驾驶人使用他人非专业消防单位的消防设备、施救被保险车辆所消耗的合理费用及设备损失。（　）

6．机动车商业保险的附加险是不能单独投保的，须随附在相应的主险上才能投保。（　）

7．若上一年度发生一次有责任不涉及死亡的道路交通事故，那么交强险的保险费为 655 元。（　）

8．投保了附加绝对免赔率特约条款的车辆保险费会增加。（　）

9．碰撞建筑物、公共设施及其他设施的交通事故，不能将车辆移动，应就地报警，等候交警处理。（　）

10．修复事故车辆时，必须一同将虽非本次事故所致，但客观存在的隐患一同解决。（　）

四、名词解释（每题 2 分，共 10 分）

1．机动车保险理赔

2．投保单

3．保险利益原则

4．保险费率

5．风险

五、简答题（每题 4 分，共 20 分）

1．投保主险机动车损失保险后才可以购买的附加险有哪些？

2．可保风险应具备的条件有哪些？

3．什么情形下发生的交通事故不能挪车，应立即报警，在现场等候交警处理？

4．保险合同一般包括哪些书面形式？

5. 简述交强险的特征。

六、案例分析（每题 10 分，共 20 分）

1. 2020 年 11 月，赵先生驾驶一辆捷达牌轿车，在一个十字路口与一辆大货车相撞。大货车损伤面积不大，可是赵先生的捷达轿车损坏严重，修车费用需要数万元。公安机关交通管理部门查勘现场后，认定双方负同等责任。由于大货车司机与赵先生同住一个村，双方都认识，考虑到自己的轿车已投保机动车损失保险，在事故调解时，赵先生与大货车司机达成调解协议，“各自修车，互不追究”。当赵先生向保险公司申请理赔时，保险公司告诉赵先生，由于双方负同等责任，保险公司只能赔偿赵先生修车费用的 50%。赵先生认为，既然自己投保了机动车损失保险，保险公司就应该全额赔偿自己的损失，然后再由保险公司向大货车司机追偿。保险公司是否应该赔偿赵先生的全部损失呢？

2. 2021 年 4 月，上海车主陈先生驾车带着刘某、赵某去外地办事。到达目的地后，陈先生在刘某尚未完全下车时便启动车辆，使得正在下车的刘某跌落车外，造成重伤；而未关闭的车门又将已下车的赵某带倒，造成其手臂骨折。

事故发生后，陈先生赶紧将伤者送往医院，并为此先后支付了近 6 万元的医疗费。公安机关交通管理部门现场查勘后认定，陈先生对此次事故负全部责任，承担所有医疗费用及其他相关费用。

陈先生认为自己的车辆投保了机动车损失保险和机动车第三者责任保险两个险种，于是向保险公司提出理赔申请。

保险公司拒绝了陈先生的赔偿要求，保险公司的做法合理吗?

综合试卷（二）

一、填空题（每题 1 分，共 20 分）

1. 在交强险合同有效期内，被保险机动车所有权发生转移的，____________应当及时通知____________，并办理交强险合同变更手续。

2. 机动车保险理赔的操作流程是报案受理、________________、________________、赔款理算、核赔和赔付结案。

3. 保险期间内，被保险人或被保险机动车驾驶人在使用被保险机动车过程中，因________________、________________造成被保险机动车直接损失，且不属于免除保险人责任的范围，保险人依照保险合同的约定负责赔偿。

4. 机动车保险中，附加险条款、条款解释与基本险条款、条款解释相抵触之处，以____________条款、条款解释为准。

5. 事故车辆受损部件更换与修理的技术标准有《________________________________》和《_________________________》。

6. 保险的基本原则有保险利益原则、________________、近因原则、________________________。

7. 机动车第三者责任保险的责任限额分为 10 万元、15 万元、__________、__________、50 万元、100 万元、150 万元、200 万元、300 万元、400 万元、500 万元、600 万元、800 万元或 1 000 万元，选择 200 万元以上的限额档次，且未在费率表上列示的，必须是 50 万元的整倍数。

8. 按保险实施形式的不同，保险可分为____________和____________。

9. 交通事故当事人的责任主要分为________________、________________、____________________、次要责任和无责任。

10. 现场查勘主要是对事故车辆的查验、____________、____________和人身损伤查勘等。

二、单项选择题（每题 2 分，共 20 分）

1. 某企业向保险公司投保了机动车损失保险后，忽视了对发动机和车辆线路的检查，结果由于车辆线路老化引起火灾，造成车辆损失，造成这一严重损失的原因属于（　　）因素。

A．实质风险　　B．投机风险
C．心理风险　　D．道德风险

2. 对机动车保险标的具有可保利益，并且与机动车保险人订立保险合同的人是（　　）。

A．机动车保险人　　B．机动车投保人
C．机动车被保险人　　D．机动车代理人

3．机动车损失保险的保险标的是指（　　）。

A．机动车本身

B．车上的人员

C．车上的货物

D．交通事故中无辜受害者的人身伤亡和财产损失

4．李某于2021年3月4日填具投保单投保机动车损失保险，保险公司于3月5日进行审核，3月6日收取保险费并于当时签发了保险单，保险单于3月7日送达李某，该合同生效时间是（　　）。

A．3月5日零时　　B．3月6日零时

C．3月7日零时　　D．3月8日零时

5．目前，我国机动车保险经营过程中存在的最大纠纷所涉及的保险原则是（　　）。

A．可保利益原则　　B．最大诚信原则

C．近因原则　　D．损失补偿原则

6．目前，各保险公司经营的商业车险业务遵循的保险条款是（　　）。

A．中国保监会于2000年颁布的《机动车辆保险条款》

B．2006年国务院批准通过的《机动车交通事故责任强制保险条例》

C．中国保监会颁布的《机动车交通事故责任强制保险条款》

D．中国保险行业协会组织修订的《中国保险行业协会机动车商业保险示范条款（2020版）》

7．最初将车辆损失视为社会问题，并彻底改革汽车责任保险制度，谋求对社会大众提供相对保护的国家是（　　）。

A．英国　　B．美国

C．日本　　D．法国

8．保险合同有效期内，经过合同双方当事人协商一致，终止合同，此终止合同的形式属于（　　）。

A．法定终止　　B．履约终止

C．自然终止　　D．协议终止

9．交通事故发生后，只有一方当事人的行为以及过错对交通事故有作用，影响着交通事故的发生及其后果，该当事人的责任就是（　　）。

A．全部责任　　B．主要责任

C．同等责任　　D．次要责任

10．在机动车辆理赔过程中，确定损失的关键是（　　）。

A．现场查勘　　B．寻找近因

C．检验工作　　D．确定赔偿标准

三、判断题（每题1分，共10分）

1．在钣金件定损中应采用“弯曲变形就修，折曲变形就换”的原则。（　　）

2．保险事故发生后必须在24 h内通知保险公司。（　　）

3．保险人在办理保险合同的变更手续时不需要再次核保。（　　）

4．保险车辆发生事故后，机动车第三者责任保险在计算人员伤亡费用时，一般要考虑医疗费、精神损失补偿费、误工费等。 （ ）

5．《中华人民共和国道路交通安全法实施条例》规定，机动车载物不得超过机动车行驶证上核定的载质量，装载长度、宽度可以超出车厢。 （ ）

6．受损车辆未经保险人同意而由被保险人自行送修的，保险人应该予以报销被保险人提供的实际修车发票。 （ ）

7．出险车辆施救前，如果所估算的施救、保护费用与修理费用相加，已达到或超过保险金额时，可以推定全损予以赔偿。 （ ）

8．保险期间内，保险车辆违规改装、加装导致保险车辆危险程度增加的，发生了保险事故后，保险人也应该承担赔偿责任。 （ ）

9．在机动车第三者责任保险中，本车车上的乘客属于第三者。 （ ）

10．机动车保险赔偿时，若保险金额高于实际损失，则保险赔偿应以实际损失为准。 （ ）

四、名词解释（每题 2 分，共 10 分）

1．物上代位

2．批单

3．保险公估人

4．可保风险

5．机动车第三者责任保险

五、简答题（每题 4 分，共 20 分）

1．处理交通事故的途径有哪些?

2．简述事故车辆受损部位更换与修理确定的原则。

3．简述机动车商业保险保险费的计算公式。

4．“互碰自赔”处理机制适用的条件有哪些?

5．被保险车辆出险后定损、核损的内容包括哪些？

六、案例分析（每题 10 分，共 20 分）

1．2020 年 12 月 26 日，张某驾驶车辆途经一立交桥下，向左转弯时与直行的公交车右后轮发生碰撞，造成张某受伤及车辆损坏。经公安机关交通管理部门处理，认定张某属酒后无证驾驶无牌照的车辆在转弯时未让直行车辆先行，应负此次事故的全部责任，公交车驾驶人李某无责任。经调查，张某的车辆未购买任何保险，而李某驾驶的公交车在某保险公司投保了交强险，保险期间为 2020 年 4 月 16 至 2021 年 4 月 15 日。事故发生后，张某经住院治疗，现已痊愈。张某通过熟人打听到，像他这种情况，因为对方驾驶人没有事故责任，对方保险公司将不会进行任何赔偿。为此张某与李某一同到公交车投保的保险公司就张某能否得到赔付进行咨询。

试问保险公司需要向张某和李某进行赔偿吗？依据是什么？

2. 某车主（被保险人）报案称车辆在行驶途中发生事故，导致车辆无法行进，要求保险公司查勘现场并索赔。经查勘，车辆是由于传动轴一端的螺栓损坏导致传动轴脱落而无法行驶。

试问保险公司是否需要赔偿？